Noha Baz

Le Kebbé

un délicieux conte levantin

Texte et recettes : Noha Baz
Illustration : Florence Cointreau

les petits soleils

À Alep, ma ville natale,
capitale mondiale du kebbé ville de mille histoires et de trésors cachés.

À cette maison tissée de souvenirs qui m'a donné le goût du bon , encore miraculeusement debout aujourd'hui malgré toutes les guerres,

Qui a vu grandir nos rêves et nos rires, qui a si joliment cultivé nos souvenirs. Lieu de réconfort, témoin silencieux d'épreuves et de joies, auquel je reviens si souvent en pensée.

Transformée aujourd'hui par les hasards de la politique et de la vie en lieu vecteur de culture, je suis heureuse de la voir envers et contre tout continuer à transmettre le beau.

"La nourriture est un symbole de l'amour quand les mots sont insuffisants."

Alan D. Wolfelt

À toutes les mains qui, avec patience et soin m'ont appris à te goûter.

À toutes celles qui te préparent dans les cuisines.

Toi qui es mémoire vivante des festins passés et des rires partagés.

Toi qui constitues une invitation permanente à se retrouver, hommage aux saveurs et aux épices de notre histoire levantine.

À la promesse que tu nous offres, celle de ne jamais oublier d'où nous venons et nous pousses à nous retrouver.

Le Kebbé

Le kebbé symbolise toujours un moment de partage et de convivialité, des repas en famille, des fêtes et des rencontres entre amis autour d'une table riche en saveurs. C'est un plat dont la préparation demande du temps et de l'attention, mais chaque bouchée rappelle l'héritage culinaire et culturel des générations passées.

Autour du kebbé se retrouve l'essence de la transmission. Bien plus qu'une simple recette, il raconte une histoire de traditions, celles qui traversent les époques et les frontières et tiennent tête à toutes les crises et toutes les guerres, unissant les peuples autour des mêmes goûts et des mêmes souvenirs.

Chacune de ces petites boules de kebbé est un hommage à la cuisine levantine... Chacune raconte une histoire.

Mardi, jour de kebbé

L'installation du régime Baas en Syrie au début des années soixante avait donné lieu à des transformations drastiques dans les secteurs de la vie sociale, culturelle et économique du pays.

La littérature et la presse internationale étaient soumises à une censure radicale. L'enseignement scolaire et universitaire longtemps épargné, avait fini par céder aux sirènes du nationalisme arabe, insufflé par les nouvelles alliances décidées par le régime, avec l'Égypte, l'Irak et la Jordanie. C'est ainsi que la langue arabe devient du jour au lendemain la langue officielle de l'apprentissage scolaire. Pour mes parents, la décision de migrer vers Beyrouth devient alors impérative.

En attendant de pouvoir la concrétiser, ils décident d'organiser notre scolarité sous forme de cours particuliers, donnés en français à la maison. Une résistance culturelle s'organise en petit comité avec un groupe de parents acquis à l'idée et d'une douzaine d'enfants, mes camarades de classe.

Grâce à deux révérends pères Jésuites au dévouement absolu, Père de Léo et Père Hamaoui, additions et soustractions deviennent aimables et la comtesse de Ségur quasiment un membre de la famille. En guise de récréation, nous avons droit, pour assurer le salut de nos âmes, à l'histoire de la vie des Saints, celle d'Ignace de Loyola en particulier.

Ma reconnaissance pour ces professeurs volontaires et bienveillants reste infinie. Ils ont réussi à nous donner envers et contre la stupidité des mesures politiques, le goût du savoir et la curiosité du monde.

Le souvenir gourmand le plus marquant lié à cet apprentissage de fortune est celui du mardi, jour officiel du kebbé à la maison.

Le bruit régulier du pilon de bois en cuisine, liant intimement le mélange de viande d'agneau et de blé concassé dans le" jern", cuve en marbre rose, rythmait l'apprentissage de l'imparfait.

Dans le salon où de petits pupitres de fortune avaient été disposés, le parfum des épices se mêlait tendrement au subjonctif.

Au moment du déjeuner le professeur du jour s'attablait avec nous pour savourer la thématique du plat, interprétée au fil des saisons : kebbé aux coings en septembre, au jus de grenade ou remaniyeh en octobre, diverses formes de kebbé végétariennes pendant la période du Carême, opulents et délicieusement farcis de griottes en juin. Quels qu'en soient les goûts, ils m'étaient tous synonymes de bonheur !

J'adorais le kebbé et son alchimie me fascinait totalement. Son goût et ses arômes sont indissociables pour moi d'Alep, reine des épices.

Texte tiré du livre « *La Nuit de la pistache* »
Noha Baz
Mars 2018
Éditions « Noir et blanc »

Le Kebbé ou Kebbeh
Qu'est-ce que c'est ?

Plat traditionnel emblématique de la cuisine levantine dont l'origine remonte à plusieurs millénaires. Né en Mésopotamie, les civilisations assyriennes et babyloniennes en témoignent depuis plus de quatre mille ans.
Traditionnellement confectionné avec du blé concassé (Bourghol), de la viande d'agneau ou de bœuf, hachée et relevée d'épices, il se décline en formes et recettes diverses que vous trouverez dans ce recueil.

À partir de la recette classique, on trouve multitudes de variations corollaires de la créativité de chaque personne qui se lance dans sa fabrication.
Le kebbé témoigne aujourd'hui d'un savoir-faire culinaire en Syrie, au Liban, en Palestine et en Jordanie, savoir-faire qui a réussi à dépasser les frontières du levant pour devenir universel.

En plus d'être un plat nourrissant et savoureux, il est symbole d'hospitalité et de générosité typiques de la culture moyen orientale. Servir du kebbé est toujours un signe de respect envers ses invités. Une façon savoureuse de les honorer.

Au commencement était le Kebbé Nayé

tartare de kebbé

L'histoire attribue la paternité du kebbé Nayé à la ville d'Alep.
La ville a été établie capitale du kebbé. Les premières recettes de
kebbé commencent par le kebbé nayé, mélange de blé concassé et
de viande pétris ensemble, parfumés d'épices et d'oignons.
Accompagné d'un verre d'arak bien frappé, boisson alcoolisée
confectionnée avec du raisin blanc obeidi et parfumée à l'anis, le
kebbé nayé est le roi du mezze au Levant.

Le Kebbé Nayé comme à la maison

Douceur d'un temps où mon père essayait de me le faire goûter par petites bouchées, tendrement enveloppées d'une feuille de menthe fraîche avec une gorgée d'arak. Un régal surtout lorsqu'il est fait maison. La viande d'agneau ou de bœuf choisie selon les goûts de chacun, doit avoir un seul qualificatif : la moins grasse possible.

Ingrédients

450 G **VIANDE DE BŒUF PRISE DANS LE FILET EXTRA POUR TARTARE (L'AGNEAU PEUT ÊTRE AUSSI UTILISÉ MAIS CE N'ÉTAIT PAS LE CAS À LA MAISON)**

180 G **BOURGHOL BLANC FIN**

1 **PETIT OIGNON BLANC**

1 c. à café **SEL FIN**

½ c. à café **7 ÉPICES**

½ c. à café **POIVRE DOUX DE JAMAÏQUE**

½ c. à café **PIMENT OURFA* (PIMENT D'ALEP)**

POUR L'ACCOMPAGNEMENT :

1 **BOUQUET DE FEUILLES DE MENTHE FRAÎCHE**

PETITS OIGNONS VERTS

DES FEUILLES DE LAITUE ROMAINE

Préparation

1. Rincez le Bourghol rapidement et mettez-le à tremper dans un bol avec les épices mélangées. Recouvrez d'un centimètre d'eau fraîche. Réservez.

2. Mettez d'abord l'oignon et la cuillère de poivre dans un robot puis rajoutez la viande avec 20 ml de glace pillée, plus 10 ml d'eau très fraîche. Moulinez jusqu'à ce que le mélange soit bien lisse.

Rajoutez le Bourghol et le sel.

3. Présentez le mélange dans un plat creux avec une bonne rasade d'huile d'olive, décoré de feuilles de menthe et accompagnée d'un bouquet d'herbes fraîches, de menthe et d'oignons verts.

La Frakeh
un Kebbé Nayé typique du Sud Liban

Pour 6 personnes

Un pur délice parfumé d'un complexe aromatique unique où pétales de rose, marjolaine et basilic sont au coude à coude. Sa recette se transmet depuis des siècles de générations en générations.

Ingrédients

450 G **VIANDE D'AGNEAU LA MOINS GRASSE POSSIBLE**
180 G **BOURGOUL BLANC FIN**
1 **PETIT OIGNON BLANC**

POUR LE MÉLANGE AROMATIQUE « KAMMOUNEH » :
½ c. à soupe **CUMIN**
¼ c. à soupe **CANNELLE**
¼ c. à soupe **POIVRE DOUX DE JAMAÏQUE**
¼ c. à soupe **CLOUS DE GIROFLE**
¼ c. à soupe **PÉTALES DE ROSES SÉCHÉES**
¼ c. à soupe **MARJOLAINE SÉCHÉE**
¼ c. à soupe **BASILIC SEC**

Préparation

1. Mettez l'ensemble des épices de la kammouneh dans un moulin à épices et moudre le tout le plus finement possible.
2. Commencez par préparer dans un robot le mélange aromatique. Une fois bien mouliné, rajoutez un petit oignon blanc et la moitié d'un petit piment rouge.
Versez dans un grand bol et réservez.
3. Ajoutez la viande puis le bourgoul bien égoutté petit à petit en pétrissant fermement.
4. Prenez dans la paume d'une main une petite quantité du mélange et pressez- la fermement pour en faire une petite bouchée puis déposez-la sur une assiette plate. Continuez ainsi jusqu'à ce que toute la quantité soit modelée en bouchées.
Décorez de feuilles de menthe et présentez accompagné d'une belle assiette de laitues, tomates et concombres en quartiers. Dégustez tout de suite.

La recette du Kebbé traditionel

Le Kebbé traditionel

Pour 6 personnes

Ingrédients

POUR LA PÂTE DE KEBBÉ :

500 G **BOULGOUR BLANC FIN**

500 G **VIANDE DE BŒUF OU D'AGNEAU HACHÉE**

1 **OIGNON BLOND DE TAILLE MOYENNE FINEMENT ÉMINCÉ**

1 c. à café **CANNELLE**

1 c. à café **POIVRE DOUX DE JAMAÏQUE**

½ c. à café **SEL FIN**

½ c. à café **MÉLANGE 7 ÉPICES**

1 c. à soupe **HUILE D'OLIVE**

POUR LA FARCE :

300 G **VIANDE DE BŒUF OU D'AGNEAU HACHÉE**

1 **OIGNON FINEMENT HACHÉ**

50 G **PIGNONS DE PIN**

1 c. à café **CANNELLE MOULUE**

½ c. à café **SEL FIN**

½ c. à café **POIVRE DE JAMAÏQUE**

1 c. à soupe **HUILE D'OLIVE.**

Préparation

1. Pour la pâte du kebbé :
Rincez le boulgour à l'eau froide et laissez-le tremper dans de l'eau tiède en le couvrant, pendant environ 15 minutes.

2. Égouttez en le pressant bien pour éliminer l'excès d'eau.

3. Mélangez le boulgour avec les épices puis rajoutez la viande hachée, l'oignon haché, la cannelle, le piment, le sel et le poivre dans un grand bol.

4. Pétrissez la pâte pendant 10 à 15 minutes pour obtenir une texture souple et élastique. Roulez-la en boule et badigeonnez-la d'huile d'olive et réservez.

5. Pour la farce :
Dans une poêle, faites chauffer un peu d'huile d'olive et faites revenir l'oignon émincé jusqu'à ce qu'il devienne transparent.

6. Ajoutez la viande hachée et faites cuire jusqu'à ce qu'elle soit bien dorée.

7. Ajoutez les pignons de pin, la cannelle, le sel et le poivre. Continuez à cuire quelques minutes jusqu'à ce que les pignons soient légèrement   dorés.

8. Retirez du feu et réservez.

La présentation de ce kebbé peut se faire soit en plateau kebbé bel saniyeh ou en boulettes de kebbé.

(LA SUITE C'EST PAR ICI)

Kebbé bel saniyeh

Variation de la recette traditionnelle du kebbé, le "Kebbé bel saniyeh" (saniyeh veut dire plateau) est cuit dans un plat au four plutôt que formé en boules ou en galettes.

1. Une fois la pâte du kebbé préparée, Prenez un grand plat de cuisson et huilez-le légèrement. Prenez environ la moitié de la pâte à kebbé et étalez-la uniformément dans le fond du plat, en appuyant bien pour la lisser et former une base compacte.
Étalez la farce de viande uniformément sur la base de kebbé.
2. Prenez l'autre moitié de la pâte et étalez-la sur la farce pour la couvrir complètement.
Humidifiez régulièrement vos mains avec un peu d'eau tiède à laquelle vous aurez ajouter 1 cuillère à café d'huile d'olive pour faciliter cette étape.
3. Lissez la surface avec un peu l'huile d'olive et avec un couteau tracez des lignes verticales puis horizontales de façon à faire des losanges. Imprimez avec le pouce un trou de quelques millimètres au milieu du plateau, qui recueillera les sucs pendant la cuisson.
4. Préchauffez votre four à 180C
Faites cuire le kebbé au four pendant environ 40-50 minutes, ou jusqu'à ce que le dessus soit doré. Servir tiède.

Boulettes de kebbé

1. Humidifiez légèrement vos mains avec de l'eau ou de l'huile d'olive. Prenez une petite quantité de la pâte de kebbé et formez une boule. *Une astuce que j'utilise tout le temps pour bien proportionner les boules de kebbé est l'utilisation d'une cuillère pour servir la glace.*
2. Creusez un trou au centre de la boule avec votre doigt pour créer un petit puits.
3. Ajoutez la viande puis le bourgoul bien égoutté petit à petit en pétrissant fermement.
4. Remplissez ce puits avec une petite cuillerée de farce. Refermez la pâte autour de la farce et formez une boule ou une galette ovale.
5. Répétez l'opération jusqu'à ce que vous ayez utilisé toute la pâte.
6. Faites chauffer de l'huile dans une grande poêle à feu moyen. Lorsque l'huile est chaude, faites frire les kebbés par petites portions pendant environ 4 à 5 minutes, jusqu'à ce qu'ils soient bien dorés et croustillants.
7. Égouttez-les sur du papier absorbant.
Lorsque le kebbé est servi en boulettes il fait souvent partie d'un mezze chaud et est alors souvent accompagné d'un taboulé.

Les variétés de Kebbé à partir de la recette classique

Le Kebbé sajiyeh

Pour 6 personnes

Surnommé ainsi à cause de sa forme arrondie qui rappelle le saj, dôme de fer très utilisé au levant qui sert à la cuisson du pain et des manakiches. Si sa pâte est pratiquement similaire à la pâte traditionnelle, celle-ci est généreusement parfumée de cumin, sa farce est très riche en fruits secs à laquelle sont rajoutés suivant les goûts de chacun, du sumac ou de la mélasse de Grenade et quelquefois également de la pâte de piments.

Ingrédients

POUR LA PÂTE DE KEBBÉ :

500 G **BOULGOUR BLANC FIN**

500 G **VIANDE DE BŒUF OU D'AGNEAU HACHÉE**

1 **OIGNON BLOND DE TAILLE MOYENNE FINEMENT ÉMINCÉ**

1 c. à café **CANNELLE**

1 c. à café **POIVRE DOUX DE JAMAÏQUE**

½ c. à café **SEL FIN**

½ c. à café **MÉLANGE 7 ÉPICES**

1 c. à soupe **HUILE D'OLIVE**

POUR LA FARCE :

250 G **VIANDE D'AGNEAU HACHÉE**

1 **OIGNON BLANC ÉMINCÉ EN PETITS DÉS**

50 G **PIGNONS**

50 G **NOIX**

1 c. à café **PIMENT D'ALEP**

1 c. à café **7 ÉPICES**

2 c. à soupe **HUILE D'OLIVE**

1 c. à soupe **MÉLASSE DE GRENADE.**

Préparation

1. Commencez par préparer la farce en faisant revenir dans une grande poêle la viande, les noix et les oignons dans de l'huile d'olive.

2. Rajouter l'oignon, les noix, les oignons, le sel, les 7 épices et la mélasse de grenade.

3. Laissez mijoter 5 minutes puis éteignez et réservez.

4. Confectionner les portions de kebbé sajiyeh en les formant comme les boulettes traditionnelles mais en les aplatissant.

Kebbé Labanieh

Kebbé au yaourt
Quand le Kebbé va tout va.
Chaleureuse
Généreuse
Soyeuse et élégante
D'ail et de coriandre parfumée
De riz basmati discrètement accompagnée.

Tradition habituelle pour bien commencer l'année, petite boussole repère des jours d'hiver et de joyeuses retrouvailles familiales et amicales.
Le kebbé bi laban (laban veut dire yaourt) est un de mes plats préférés, toujours synonyme de fêtes, de réconfort et de douceur.*
Si la sauce reste un classique quasiment dans toutes les familles, la façon de manger les boulettes de kebbé qui l'accompagnent varie d'une maison à l'autre.
Les boulettes de kebbé sont farcies d'une noisette de beurre et d'un peu de menthe séchée à la mode Alepine, farcies ou vides cuites à l'eau ou frites et égouttées puis rajoutées au dernier moment dans la sauce au yaourt avec beaucoup de coriandre fraîche à la mode libanaise.

Ingrédients

Préparation

1. Pour la pâte :

Rincez le boulgour à l'eau froide et laissez-le tremper en le couvrant à hauteur dans de l'eau tiède pendant environ 15 minutes. Égouttez en le pressant bien pour éliminer l'excès d'eau.

2. Mélangez le boulgour avec les épices puis rajoutez la viande hachée, l'oignon émincé, la cannelle, le piment, le sel et le poivre dans un grand bol.

3. Pétrissez la pâte pendant 10 à 15 minutes pour obtenir une texture souple et élastique. Roulez-la en boule. Badigeonnez-la d'huile et réservez au frais pendant une heure.

4. Commencez à façonner les boulettes de kebbé en y glissant une noisette de beurre, une pincée de cannelle et une autre de menthe sèche (facultatif).

5. Préparez la sauce au yaourt :

Diluez la maïzena dans 30 ml d'eau fraîche. Dans une grande casserole, mélangez au fouet le yaourt et la maïzena diluée. Posez sur feu doux, rajoutez le sel et une pointe de poivre. Remuez doucement jusqu'à ce que le mélange nappe le fouet. Juste avant l'ébullition, rajoutez le jaune d'œuf et battez vivement une minute puis éteignez et réservez.

6. Cuisez les boulettes de kebbé à l'eau bouillante salée et récupérez-les avec une écumoire.

Posez dans une assiette.

7. Au moment de servir, rajoutez les boulettes de kebbé dans la sauce.

Saupoudrez avec de la coriandre fraîche. Présentez avec un riz pilaf.

Kebbé "remanieh" ou Kebbé à la grenade

Ingrédients

POUR LES BOULETTES DE KEBBÉ :

400 G **BOURGHOL À KEBBÉ FIN**

500 G **VIANDE HACHÉE DEUX FOIS**

1 c. à café **SEL**

175 ML **EAU FRAÎCHE**

2 c. à café **7 ÉPICES**

1 **OIGNON BLANC MOYEN RÂPÉ**

100 G **BEURRE FRAIS PARFUMÉ**

1 c. à café **POIVRE DE JAMAÏQUE**

POUR LA SAUCE À LA GRENADE (REMANIEH) :

2 c. à soupe **HUILE D'OLIVE**

1 c. à soupe **BEURRE**

500 G **FILET DE BŒUF COUPÉ EN CUBES DE 5 CM**

1 **OIGNON HACHÉ FINEMENT**

1 c. à café **SEL FIN**

1 c. à café **7 ÉPICES**

500 ML **EAU FRAÎCHE**

4 **BRANCHES DE CÉLERI COUPÉES EN TRANCHES FINES DE TAILLE MOYENNE**

2 c. à soupe **CONCENTRÉ DE TOMATES**

1 c. à soupe **MÉLASSE DE GRENADE**

1 c. à café **PIMENT D'ALEP**

Préparation

1. Commencez par façonner les boulettes de kebbé traditionnel comme décrites précédemment. Farcissez-les d'un petit dé de beurre parfumé d'une pincée de poivre de Jamaïque. Refermez et réservez.

2. Dans un grand fait-tout à fond épais, saisissez les morceaux de bœuf dans le mélange huile et beurre. Ajoutez les oignons, le sel et la cuillère à café de 7 épices. Recouvrez d'eau claire et laissez cuire 15 minutes à feu doux en écumant régulièrement.

3. Ajoutez le céleri et cuisez encore 15 minutes.

4. Rajoutez la mélasse de grenade ainsi que le piment d'Alep et remettez à mijoter pendant 20 minutes.

5. Faites frire rapidement les kebbés, retirez-les avec une écumoire et posez dans un plat creux.

Présentez les kebbés accompagnés de ragoût de grenade et d'un riz pilaf.

Kebbé Safarjalieh ou Kebbé aux coings

Pour 6 personnes

Plat typique d'Alep qui peut se confectionner comme un ragoût d'agneau mais quand on lui rajoute des boulettes de kebbé, il devient chef d'œuvre !

Ingrédients

- 800 G **VIANDE D'AGNEAU PRIS DANS L'ÉPAULE**
- 2 **COINGS COUPÉS EN GROS DÉS**
- 500 G **TOMATES ENTIÈRES PRÉPARÉES EN CONSERVE**
- 50 G **CONCENTRÉ DE TOMATES**
- 7 c. à soupe **MÉLASSE DE GRENADE**
- 2 c. à soupe **SUCRE EN POUDRE**
- 1 c. à soupe **SEL**
- 1 c. à soupe **MENTHE SÉCHÉE**
- 5 **GOUSSES D'AIL**
- 1 et ½ c. à café **DAKKA***
- 2 **POMMES GOLDEN**
- 1 **POIGNÉE DE CERNEAUX DE NOIX**
- 50 G **PIGNONS DE PIN**
- 2 **GRAINS DE LENTISQUE ÉCRASÉ EN POUDRE POUR PARFUMER**

Préparation

1. Lavez et coupez les coings en cubes, sans les éplucher, trempez-les dans de l'eau fraîche pour leur éviter de noircir. Dans une marmite, mettez la viande coupée en gros dés et couvrez-la d'eau.

2. Faites bouillir, puis écumez et gardez l'eau de cuisson. Rajoutez dans le bouillon de viande les gousses d'ail épluchées et coupées en rondelles, les tomates et le concentré de tomates, la mélasse de Grenade, le sucre, le sel et la menthe séchée.

3. Préparez la farce avec un mélange de viande d'agneau hachée, relevée de cannelle et du mélange d'épices dakka, de deux pommes coupées en dés, d'une poignée de cerneaux de noix et des 50 g de pignons.

4. Lorsque la farce est bien cuite, laissez-la tiédir et commencez à confectionner les boulettes de kebbé. Posez-les dans un panier vapeur, en une seule rangée sans les superposer et les faire cuire.

5. Ajoutez au bouillon de viande, les coings, la sauce tomate, la mélasse de grenade, la menthe séchée et le sucre. Couvrez et mettez à feu doux.

Lorsque la préparation commence à bouillir, laissez mijoter à feu moyen 10 minutes de plus jusqu'à ce que les coings soient cuits à point, c'est à dire encore un petit peu fermes.

6. Rajoutez alors les boulettes de kebbé dans la préparation. Cuisez doucement trois minutes à feu très doux. Arrêtez la cuisson.

7. Présentez dans un plat creux en prenant soin de bien napper les kebbés de sauce.

Vous pouvez servir avec un riz pilaf si vous le souhaitez.

---

* **DAKKA :** mélange d'épices constitué à parts égales, de poivre blanc, poivre doux de jamaïque, de cannelle, de muscade, de girofle, de gingembre et de cardamome moulue).

Kebbé aux cerises griottes

Pour 6 personnes

Le kebbé karaz comme à la maison.

Ma saison préférée est celle des cerises. En plein mois de juin, les griottes "vishne" typiques du Nord d'Alep, arrivaient par caisses entières à la maison pour être transformées en sirop, sorbets et confitures et surtout, pour accompagner la viande d'agneau d'une sensuelle sauce velours. L'idée de présenter la sauce avec les boulettes de kebbé m'est venue un jour d'été lors d'un repas dans la montagne libanaise, où les cerisiers alentours faisaient écho aux délicieuses variétés de kebbé. Depuis, cette idée de présentation très parfumée qui marie à merveille le sucré salé est devenue tradition.

Ingrédients

POUR LA PÂTE :

500 G **BOULGOUR FIN BLANC**

350 G **VIANDE D'AGNEAU LA MOINS GRASSE POSSIBLE, SINON CHOISIR UNE BONNE VIANDE DE BŒUF HACHÉE DEUX FOIS JUSQU'À DEVENIR LISSE (COMME CELA SE FAIT AU LEVANT ; AJOUTER UN PETIT GLAÇON DANS LE HACHOIR ACTIVE LE LISSAGE)**

1 **OIGNON BLANC DE TAILLE MOYENNE**

¼ de c. à café **MÉLANGE D'ÉPICE DAKKA* OU LE MÉLANGE 7 ÉPICES TOUT PRÊT DISPONIBLE DANS LES ÉPICERIES ORIENTALES**

1 c. à café **SEL FIN**

1 c. à soupe **FARINE DE BLÉ POUR LE PLAN DE TRAVAIL**

Préparation

1. La pâte à kebbé :

Lavez le boulghour puis le laisser tremper dans de l'eau pendant 15 min. Bien égouttez, réservez.

2. Dans le bol d'un robot ménager, déposez d'abord l'oignon coupé en quartiers, les épices et le sel puis la viande et enfin le bourghol égoutté. Mixez intimement puis versez la préparation sur un plan de travail légèrement fariné, formez une boule et laissez reposer au frais.

3. La farce :

Faire revenir la viande hachée avec l'oignon émincé dans 2 cuillères à soupe d'huile d'olive. Ajoutez les épices et le sel.

4. Lorsque la viande et les oignons sont cuits, ajoutez les pignons et faites revenir une minute puis retirez du feu. Réservez.

Ingrédients

POUR LA FARCE :

300 G **VIANDE HACHÉE (BŒUF OU AGNEAU)**

1 **OIGNON BLANC FINEMENT ÉMINCÉ**

1 c. à café **PINCÉE DE POIVRE DOUX DE JAMAÏQUE MOULU**

50 G **PIGNONS**

1 **PINCÉE DE SEL**

2 c. à soupe **HUILE D'OLIVE**

1 L **HUILE VÉGÉTALE (TOURNESOL OU PÉPINS DE RAISINS) POUR LE BAIN DE FRITURE**

POUR LA SAUCE :

1 KG **CERISES GRIOTTES**

150 G **SUCRE MOSCOVADO**

2 c. à soupe **RASE DE CANNELLE MOULUE**

1 **POIGNÉE DE PIGNONS DE PIN**

Préparation (suite)

5. Les boulettes de Kebbé :
Prenez un morceau de pâte, creusez-y un trou et faites tourner autour de l'index jusqu'à obtenir la forme d'un œuf aux parois fines.
6. Remplissez d'un peu de farce et fermez les bords délicatement. Chauffez l'huile et faites frire les Kebbés à feu moyen.
7. Mettez-les dans un plat à four et gardez-les au chaud pendant une quinzaine de minutes.
8. La sauce aux cerises griottes :
Lavez, équeutez et dénoyautez les cerises griottes. Gardez-en quelques-unes pour la décoration.
9. Mixez le reste des cerises dans un mixer à vitesse moyenne jusqu'à ce qu'elles soient presque en jus.
Ajoutez les 2 cuillères à soupe de sucre moscovado. Versez la préparation dans une poêle et mettez sur feu doux.
10. Lorsque l'ébullition commence, baissez le feu, rajoutez une bonne cuillère à soupe de cannelle.
Couvrez et laissez infuser cinq minutes, le temps de faire griller une poignée de pignons.
11. Sortez les Kebbés du four et arrosez de sauce cerises. Remuez délicatement la préparation.
Rajoutez les pignons grillés et quelques cerises en décoration.
Dégustez tiède.

Kebbé Arnabieh

Plat emblématique de la ville de Beyrouth où cette recette aurait été mise au point par la communauté orthodoxe de la ville afin de célébrer les fêtes de Pâques. D'autres attribuent son origine à la ville de Tripoli et il tiendrait son appellation de l'Ile aux lapins située en face de la ville. Quoiqu'il en soit, ce kebbé est une ode veloutée au levant, enveloppé de parfums d'agrumes et en particulier, d'oranges bigarades.

Ingrédients

20 **BOULETTES DE KEBBÉ CONFECTIONNÉS SELON LA RECETTE TRADITIONNELLE MAIS NON FARCIES**

500 G **JARRETS DE VEAU**

2 **VERRES DE CRÈME DE SÉSAME OU TAHINI**

2 L **EAU**

½ verre **POIS CHICHES CUITS**

75 ML **JUS D'ORANGES AMÈRES (BOUSFEIR) OU À DÉFAUT DE PAMPLEMOUSSE FRAIS**

75 ML **JUS D'ORANGE NAVEL**

50 ML **JUS DE CITRON FILTRÉ**

15 **KUMQUATS FRUITS (FACULTATIF)**

QUELQUES FEUILLES DE LAURIER

1 c. à café **CANNELLE MOULUE**

1 c. à café **SEL**

1 c. à café **POIVRE BLANC**

1 c. à café **POIVRE DOUX DE JAMAÏQUE**

Préparation

1. Faites revenir à feu vif les oignons émincés dans l'huile d'olive pendant 5 minutes, réservez.

Faites revenir les kebbés déjà préparés en boulettes non farcies dans la même poêle. Réservez en gardant au chaud.

2. Pour la sauce :

Dans une grande marmite mettez l'eau à bouillir et commencez par faire cuire la viande avec les feuilles de laurier et les épices jusqu'à ce que la viande soit tendre.

Retirez les morceaux de viande en gardant le bouillon dans la marmite. Réservez.

3. Dans un bol, mélangez la crème de sésame ou tahini avec deux cuillères à soupe d'eau, remuez doucement, puis ajoutez progressivement les jus d'agrumes.

Rajoutez le mélange au bouillon de viande et remettre à cuire à feu très doux en remuant de temps en temps (Vous pouvez rajouter quelques kumquats si vous le voulez mais c'est totalement facultatif, mais visuellement très joli).

Préparation (suite)

4. Quand la sauce commence à épaissir, ajoutez les morceaux de jarret cuits et les pois chiches. Mélangez bien et rajoutez les kebbés chauds juste avant de servir. Laissez mijoter encore 5 minutes sur le feu puis éteindre.
*Servez avec un riz blanc simple ou avec **un riz levantin aux vermicelles.***

Riz levantin aux vermicelles

Ingrédients

200 G **RIZ BASMATI OU RIZ LONG GRAIN**

50 G **VERMICELLES (OU CHEVEUX D'ANGE)**

2 c. à soupe **BEURRE OU D'HUILE D'OLIVE**

SEL ET POIVRE AU GOÛT

400 ML **EAU**

Préparation

1. Rincez le riz sous l'eau froide jusqu'à ce qu'elle devienne claire. Égouttez bien.
2. Dans une grande casserole, faites chauffer le beurre ou l'huile d'olive à feu moyen. Ajoutez les vermicelles et faites-les revenir jusqu'à ce qu'ils deviennent dorés et légèrement croustillants.
Rajoutez par-dessus le riz égoutté.
Faites revenir encore un peu jusqu'à ce que les grains soient bien nacrés.
Rajoutez l'eau et le sel.
3. Portez à ébullition puis éteignez et laissez gonfler tranquillement les grains de riz.

Le Kebbé de Zghorta et d'Ehden du Nord Liban

Zghorta revendique à juste titre le titre de capitale du kebbé libanais. Le nom de « Kebbé Zghortawieh » est une appellation d'origine aujourd'hui bien identifiée.

Si dans le sud du pays le kebbé mise sur une forte composante aromatique, au Liban Nord par contre, aucune fantaisie côté parfums ou épices.

Poivre et sel uniquement pour la pâte et pas mal de gras dans la farce. Dans cette région emblématique du kebbé libanais où l'on continue à le confectionner à l'ancienne, longtemps battu avec un pilon dans une jarre (jern) en pierre, le goût mise tout sur le gras et la cuisson au four à bois.

C'est également une des rares régions où la viande de chèvre est utilisée pour confectionner le kebbé.

Le Kebbé Krass de Zghorta

Les kebbés ronds cuits sur le grill ou sur le four à bois parfument les déjeuners du dimanche partout au Nord Liban. Leur pâte très compacte est sobrement confectionnée de viande et de blé.

Ingrédients

POUR LA PÂTE DE KEBBÉ :
1 KG **VIANDE D'AGNEAU OU DE CHÈVRE**
850 G **BOULGOUR BRUN FIN**
1 **OIGNON BLANC DE TAILLE MOYENNE**
1 c. à café **SEL**
1 c. à café **POIVRE DOUX DE JAMAÏQUE**

POUR LA FARCE :
1 **GROS OIGNON ÉMINCÉ**
1 c. à soupe **HUILE D'OLIVE**
150 G **GRAS DE MOUTON**
1 c. à café **SEL**
1 c. à café **POIVRE**
30 G **PIGNONS TORRÉFIÉS**

Préparation

I. Préparation de la pâte :
Hachez finement d'abord l'oignon dans un robot mixeur avec une pincée de poivre doux. Rajoutez le bourghol préalablement lavé à l'eau froide, puis petit à petit la viande hachée et le sel. Mélangez bien.

2. Versez sur un plan de travail et malaxez en gardant les mains humides et en ajoutant au fur et à mesure un peu d'eau glacée jusqu'à ce que la pâte devienne très lisse.

3. Pour la farce dans une poêle, faites revenir oignons, sel et poivre dans une cuillère d'huile d'olive.   Réservez.

4. Pour former les boules, munissez-vous d'une tasse à thé ou d'un bol de taille moyenne. Étalez finement une première couche de pâte.
Pour lisser, gardez toujours à proximité un bol d'eau très fraîche pour tremper vos doigts.

5. Garnissez chaque boule de kebbé d'un bout de gras et d'une cuillère du mélange oignons pignons de la farce puis refermez la surface avec une autre couche de pâte à kebbé.

Démoulez et gardez au frais sur un grand plat jusqu'au moment de la cuisson.

6. Cuisez 15 minutes à four chaud (210 C) puis 5 minutes sous le grill. Le gras va, en cuisant, couler dans le plat à four. Une fois le kebbé cuit, sortez le plat de service et retirez les boules "Krass".

Les puristes les habillent de gras fondu. Personnellement, je trouve qu'un petit soupçon de cannelle rajoute de l'esprit aux arômes sobres de la merveille.

Kebbé Moutabbaka, le kebbé superposé

Pour 6 personnes

Toujours au Nord Liban, ce kebbé est présenté à plat, en couches fines habillées d'oignons et de pignons dorés, posés par-dessus la pâte cuite du kebbé.

Ingrédients

500 G **PÂTE À KEBBÉ FAÇON NORD LIBAN COMME DÉCRITE PRÉCÉDEMMENT**

POUR LA FARCE :

1 **GROS OIGNON ÉMINCÉ EN LAMELLES FINES**

50 G **PIGNONS DE PIN**

2 c. à soupe **HUILE D'OLIVE OU D'HUILE VÉGÉTALE TYPE ARACHIDE OU TOURNESOL**

250 G **VIANDE HACHÉE**

1 c. à café **POIVRE DOUX DE JAMAÏQUE**

1 c. à café **SEL FIN**

Préparation

1. Faites revenir les lamelles d'oignons émincés dans l'huile.

Ajoutez une poignée de pignons de pin, puis la viande hachée, et laissez cuire le mélange.

2. Étalez une couche de pâte de kebbé dans un grand plat huilé. Tracez à l'aide d'un couteau des losanges et glissez à four chaud 210°C pendant 15 minutes.

3. Sortez du four et répartissez uniformément la farce. Découpez en losanges et présentez ce kebbé accompagné d'un bol de yaourt comme le veut la tradition.

Kebbé de volailles et poissons

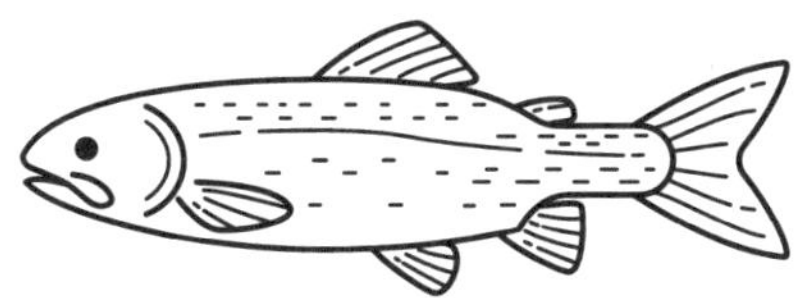

Le Kebbé djejj
kebbé au poulet

Variante savoureuse du kebbé traditionnel, où la viande hachée de poulet remplace l'agneau ou le bœuf. Je l'ai goûté un soir d'été dans la Békaa libanaise au domaine Al Hauch, ferme de la famille Saab dédiée à l'agritourisme, un petit bijou de sérénité et un havre de paix. Depuis, cette version plus légère que le kebbé traditionnel mais riche toutefois en saveurs grâce aux épices et aux herbes qui la parfument, est devenue un hit à la maison.

Ingrédients

POUR LA PÂTE :

500 G **BOULGOUR BLANC FIN**

300 G **VIANDE DE POULETS, CUISSES DÉSOSSÉES ET BLANCS MÉLANGÉS ET HACHÉS**

1 **PETIT OIGNON RÂPÉ OU FINEMENT HACHÉ**

½ c. à café **CARVI MOULU**

½ c. à café **CUMIN MOULU**

½ c. à café **CANNELLE MOULUE**

½ c. à café **PAPRIKA MOULU**

1 c. à café **SEL**

1 c. à café **POIVRE DOUX DE JAMAÏQUE**

150-200 ML **EAU FROIDE POUR HUMIDIFIER LE BOULGOUR**

1 à 2 c. à soupe **HUILE D'OLIVE**

Préparation

1. Préparez la pâte :
Rincez le boulgour dans de l'eau froide et laissez-le tremper pendant environ 20-30 minutes jusqu'à ce qu'il devienne tendre. Égouttez-le bien.

2. Mélangez le boulgour égoutté avec la viande de poulet hachée, l'oignon râpé, les épices, le sel et le poivre dans un grand bol.

3. Ajoutez progressivement de l'eau froide, jusqu'à obtenir une pâte homogène et assez malléable. Ajoutez une cuillère à soupe d'huile d'olive pour lier.

Ingrédients

POUR LA FARCE :

150 G **VIANDE DE POULET HACHÉE**

1 **PETIT OIGNON FINEMENT ÉMINCÉ**

1 **GOUSSE D'AIL DÉGERMÉE ET PILÉE**

30 G **PIGNONS DE PIN**

1 c. à café **SEL**

1 c. à café **POIVRE DOUX DE JAMAÏQUE**

1 c. à café **CARVI MOULU**

20 G **RAISINS SECS**

Préparation (suite)

4. Préparez la farce :

Dans une poêle, chauffez l'huile d'olive sur feu doux et faites revenir l'oignon et l'ail jusqu'à ce qu'ils soient légèrement nacrés. Ajoutez la viande de poulet hachée et faites cuire jusqu'à ce qu'elle soit bien dorée.

5. Incorporez les épices le sel, et le poivre. Mélangez bien pour bien enrober la viande. Torréfiez les pignons dans une poêle séparée puis ajoutez-les à la farce.

Ajoutez les raisins secs et laissez refroidir la farce avant de l'utiliser.

6. Formez les boulettes de kebbé.

7. Prenez la petite portion de pâte et formez en une boule. Faites un trou au centre pour y insérer une cuillère de la farce de poulet.

8. Fermez soigneusement la pâte autour de la farce pour bien façonner une boule. Faites chauffer un bain de friture et faites frire les kebbés jusqu'à ce qu'ils soient bien dorés et croustillants de tous les côtés ou les faire cuire au four à 180°C (350°F).

9. Disposez les kebbés sur une plaque de cuisson légèrement huilée ou recouverte de papier sulfurisé et faites cuire pendant environ 25-30 minutes, jusqu'à ce qu'ils soient dorés et bien cuits.

Absolument délicieux servis avec une salade fraîche orientale (tomates, concombre et menthe, citron, ail et huile d'olive).

Kebbé Samak, le kebbé au poisson

Pour 6 personnes

Typique de la ville de Beyrouth, version dans laquelle la viande hachée est remplacée par du poisson, généralement un poisson blanc maigre comme le merlu ou le cabillaud. Cette recette typiquement levantine, parfumée d'oignons et de coriandre est un régal traditionnel des vendredis festifs au Levant.

Ingrédients

POUR LA PÂTE :

500 G **POISSON BLANC (MERLU OU CABILLAUD)**

250 G **BOURGHOL BLANC FIN**

1 **OIGNON MOYEN, FINEMENT HACHÉ**

2 c. à soupe **PIGNONS DE PIN**

2 c. à soupe **HUILE D'OLIVE**

1 c. à café **CUMIN**

1 c. à café **CORIANDRE SÈCHE MOULUE**

1 c. à café **POIVRE DE JAMAÏQUE**

1 c. à café **SEL**

2 c. à soupe **CORIANDRE FRAÎCHE HACHÉE**

POUR LA FARCE :

1 **GROS OIGNON FINEMENT ÉMINCÉ EN LAMELLES**

1 c. à café **SEL**

1 c. à café **POIVRE**

1 c. à soupe **BEURRE OU D'HUILE D'OLIVE**

1 c. à café **CORIANDRE MOULUE**

1 c. à café **CUMIN MOULU**

2 c. à soupe **PIGNONS DE PIN TORRÉFIÉS**

Préparation

I. Faites cuire le poisson (dans de l'eau ou à la vapeur) pendant environ 10 à 15 minutes. Égouttez et émiettez-le soigneusement.

2. Dans une poêle, faites chauffer l'huile d'olive et faites revenir l'oignon haché jusqu'à ce qu'il soit translucide. Ajoutez les épices (cumin et coriandre sèche moulus sel, poivre), puis faites cuire le tout à feu moyen pendant quelques minutes.

3. Ajoutez les pignons de pin torréfiés. Mélangez bien et retirez du feu. Laissez refroidir.

4. Préparez la pâte :
Faites tremper le boulgour dans de l'eau tiède pendant environ 20 minutes pour le ramollir. Égouttez-le bien et pressez-le pour retirer l'excédent d'eau.

5. Dans un grand bol, mélangez le boulgour égoutté avec le poisson cuit et émietté, l'oignon haché, le sel, le poivre, et la coriandre. Ajoutez la farine ou un peu de beurre pour lier le tout et obtenir une pâte homogène.

6. Pétrissez bien la pâte avec les mains jusqu'à ce qu'elle soit ferme et souple, préparez ensuite les boulettes de kebbé.

Préparation (suite)

7. Prenez une petite quantité de pâte et formez une boule. Creusez un petit trou au centre pour y insérer une portion de la farce préparée.

8. Refermez la pâte autour de la farce et formez une boule en lui donnant une forme oblongue. Répétez cette opération jusqu'à épuisement des ingrédients.

9. Faites chauffer de l'huile dans une poêle à feu moyen. Faites frire les kebbés de poisson pendant environ 4 à 5 minutes de chaque côté, jusqu'à ce qu'ils soient dorés et croquants. Vous pouvez également les cuire au four à 180°C pendant environ 20 minutes, en les retournant à mi-cuisson.

10. Une façon plus simple de cuire le kebbé samak est de l'étaler en plateau comme un kebbé bel saniyeh traditionnel et de le découper ensuite en losanges.

11. Pour la présentation du kebbé :
Faites revenir les oignons émincés dans de l'huile d'olive bien chaude avec une cuillère à café de coriandre sèche moulue.

Présentez les parts de kebbé Samak ou les boulettes surmontées d'oignons dorés, revenus dans de l'huile d'olive chaude et de feuilles coriandre vertes.

Le Kebbé en mode végétarien

Compagnons des vendredis où l'on mangeait maigre au levant et surtout de la période du Carême, les Kebbés végétariens ont été interprétés de dizaines de façons suivant les régions.
Le plus populaire reste le "kebbé batata", le kebbé de pommes de terre, cousin levantin du Hachis Parmentier dans lequel la viande est remplacée par des noix.
La vedette incontestée de tous les kebbés végétariens reste le kebbé au potiron farci de diverses façons : pois chiches épinards ou noix mélasse de Grenade, chaque maison a ses secrets de fabrication.

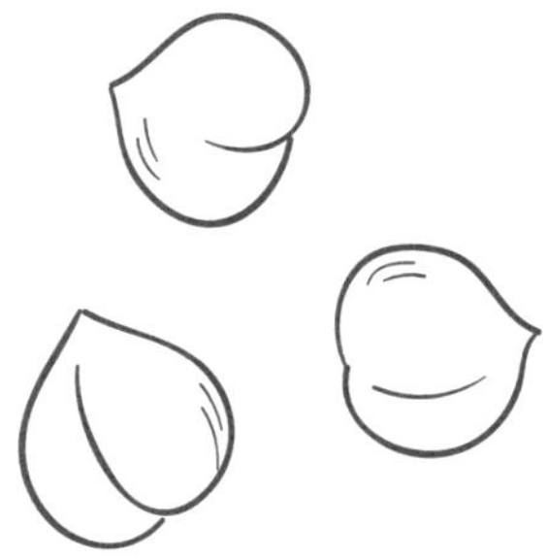

Kebbé Banadourra ou Kebbé à la tomate
la Kamouneh du Sud Liban

Pour 6 personnes

Je ne connais rien de meilleur pour ensoleiller les jours gris.

Tomates fraîches ou concentrées en hiver, parfums d'huile d'olive et mélange d'épices que je transporte partout, où le poivre de Jamaïque taquine les feuilles de basilic, dans lequel la menthe intervient pour mettre en joie les matins. Et puis les pétales de roses et le cumin qui réveillent la cannelle, un soupçon de marjolaine et de romarin.

Ingrédients

500 G **BOURGHOL BRUN FIN**

3 c. à soupe **HUILE D'OLIVE**

3 **BELLES TOMATES MARMANDES COUPÉES EN DÉS**

3 **OIGNONS VERTS OU À DÉFAUT UN OIGNON BLANC FINEMENT ÉMINCÉ**

1 c. à café **SEL MARIN**

1 c. à soupe **CONCENTRÉ DE TOMATES**

1 **PETIT BOUQUET DE FEUILLES DE MENTHE FRAÎCHE**

1 c. à soupe **MÉLANGE KAMMOUNEH*:**

½ c. à soupe **CUMIN**

¼ c. à soupe **CANNELLE**

¼ c. à soupe **POIVRE DOUX DE JAMAÏQUE**

¼ c. à soupe **CLOUS DE GIROFLE**

¼ c. à soupe **PÉTALES DE ROSES SÉCHÉES**

¼ c. à soupe **MARJOLAINE SÉCHÉE**

¼ c. à soupe **BASILIC SEC**

Préparation

1. Mélangez le bourghol et le concentré de tomates puis mettez par-dessus les tomates coupées en dés pour qu'elles s'imbibent de jus.

2. Coupez les oignons verts, hachez quelques feuilles de menthe. Mélangez le tout.

3. Saupoudrez de sel marin et d'une bonne cuillère de kammouneh moulue.

4. Rajoutez deux cuillères à soupe d'une très bonne huile d'olive.

* **KAMOUNEH :** mélange d'épices que l'on appelle kamouneh car le "kamoun" (cumin) constitue l'épice principale du mélange d'épices. vous pouvez en trouver prêt à l'emploi dans les épiceries orientales.

Kebbé de pommes de terre

Pour 6 personnes

Farci aux noix, un délice typique de la région de la Bekaa Ouest et variante végétarienne du kebbé classique, très agréable en été.
Délicieux accompagné d'un bol de yaourt et d'une salade verte.

Ingrédients

200 G **BOURGHOL BLANC FIN**

400 G **POMMES DE TERRE**

3 **BEAUX OIGNONS BLANCS DÉBITÉS EN LAMELLES**

1 **BOTTE DE MENTHE FRAÎCHE**

1 c. à soupe **HUILE D'OLIVE**

1 c. à café **SEL MARIN**

1 c. à café **POIVRE DOUX DE JAMAÏQUE**

1 **POIGNÉE CERNEAUX DE NOIX**

Préparation

1. Faites bouillir les pommes de terre avec leur peau, puis les épluchez et les écrasez à la fourchette.
Mettez le boulgour à tremper dans l'eau pendant 20 minutes. Triez les feuilles de menthe et hachez-les finement.

2. Hachez les oignons et faites-les frire jusqu'à ce qu'ils soient bien dorés. Rajoutez la poignée de cerneaux de noix en fin de cuisson, des oignons et une pincée de poivre de Jamaïque. Réservez.

3. Pour former la pâte du kebbé, mélangez l'écrasée de pommes de terre et le boulgour, la moitié des oignons frits avec les cerneaux de noix.

4. Pour la farce, mélangez le reste des oignons et des noix avec la menthe hachée.
Étalez dans un plat à four une première couche de pâte à kebbé. Déposez le mélange oignons - noix et déposez par-dessus une deuxième couche de pâte de kebbé.

5. Badigeonnez avec un peu d'huile d'olive et faites cuire 15 minutes à four chaud à 180°C.

Kebbé Zinglieh
Kebbé aux épinards et pois chiches

Pour 6 personnes

Un délice dont l'origine prendrait racine dans la ville mésopotamienne de Babylone. Irrésistible lorsqu'il est accompagné de mélasse de raisin ou de dattes.

Ingrédients

1 KG 300 G ÉPINARDS FRAIS LAVÉS, TRIÉS ET HACHÉS

1 c. à café SEL MARIN FIN

½ BOTTE DE PERSIL PLAT FRAIS HACHÉ

1 OIGNON BLANC RÂPÉ

½ BOTTE DE CORIANDRE FRAÎCHE HACHÉE

2 c. à café CORIANDRE SÈCHE MOULUE

2 c. à soupe BOURGHOL FIN

350 G FARINE DE BLÉ

200 G POIS CHICHE CUITS ET ÉGOUTTÉS

100 ML HUILE DE TOURNESOL

Préparation

1. Saupoudrez les épinards de sel puis pressez-les et réservez le jus.

2. Mélangez dans un grand bol tous les ingrédients en rajoutant le jus d'épinard. Laissez reposer deux heures au frais. Vous pouvez même préparer le mélange la veille pour l'utiliser le lendemain.

3. Façonnez des galettes en aplatissant à chaque fois environ 50 g du mélange.

4. Chauffez l'huile dans une poêle et lorsqu'elle commence à grésiller, déposez-y les galettes et saisissez-les   rapidement.

Laissez égoutter.

Kebbé des quarante martyrs

Pour 6 personnes

Une recette rare parce que très peu connue, traditionnelle de la période de carême.

Ingrédients

POUR LA PÂTE DE KEBBÉ :

300 G **BOURGHOL**

350 G **FARINE DE BLÉ**

1 **OIGNON BLANC RÂPÉ**

2 c. à café **AIL DÉGERMÉ ET TRANSFORMÉ EN PURÉE**

3 c. à café **CORIANDRE SÈCHE MOULUE**

1 c. à café **SEL**

375 ML **EAU FRAÎCHE**

POUR LA FARCE :

3 c. à soupe **HUILE D'OLIVE**

2 **OIGNONS BLANCS COUPÉS EN DÉS**

50 G **PERSIL PLAT FINEMENT COUPÉ**

130 G **CERNEAUX DE NOIX HACHÉS**

1 c. à soupe **MÉLASSE DE GRENADE**

1 c. à café **SEL FIN**

1 et ½ c. à café **PIMENT D'ALEP MOULU OU À DÉFAUT DE PAPRIKA**

POUR LA SAUCE :

3 c. à soupe **HUILE D'OLIVE**

2 **OIGNONS BLANCS COUPÉS EN TRANCHES**

1 c. à café **AIL RÉDUIT EN PURÉE**

6 c. à soupe **CONCENTRÉ DE TOMATES**

2 c. à soupe **CONCENTRÉ DE PIMENT FORT**

125 ML **JUS DE CITRON FRAIS**

2 c. à café **SEL FIN**

250 ML **EAU**

Préparation

1. Faites revenir rapidement les oignons dans une poêle avec l'huile d'olive.

2. Rajoutez le persil, le sel, les noix et le piment d'Alep. Arrêtez la cuisson et rajoutez la mélasse de grenade. Réservez.

3. Confectionnez les boulettes de kebbé en prenant à chaque fois l'équivalent d'une cuillère à soupe de pâte à kebbé. Creusez-la et farcissez-la avec la préparation aux noix.

4. Faites bouillir de l'eau salée.

Plongez-y les kebbés 5 minutes jusqu'à ce qu'ils commencent à flotter. Retirez-les et déposez-les dans un plat creux.

5. Pour la sauce, faites revenir rapidement les oignons dans l'huile d'olive.

Ajoutez l'ail, le jus de citron, le concentré de tomates, le sel et le piment.

Réduisez à feu doux 10 à 15 minutes.

Rajoutez sur les kebbés, remuez et présentez le plat décoré de quelques brins de persil plat.

Sahtein

صحتين*

* Bon appétit

Table des recettes

Kebbé de volailles et poissons

Le Kebbé en mode végétarien

© 2024 Noha Baz

Édition : BoD · Books on Demand GmbH, In de Tarpen 42,

22848 Norderstedt (Allemagne)

Impression : Libri Plureos GmbH, Friedensallee 273,

22763 Hamburg (Allemagne)

Dépôt légal : Décembre 2024

Les Petits Soleils 2024

Tous droits réservés.

Toute reproduction ou utilisation de l'ouvrage sous quelques forme et par quelque moyen électronique, photocopie, enregistrement ou autre est strictement interdite sans l'autorisation écrite de l'auteur.

Texte : Noha Baz

Illustration de couverture: Florence Cointreau

Mise en page: Louay Daoust

Suivi éditorial : Hanane Moussa

ISBN : 978-2-3225-5915-2